W0346404

Dr. Oetker

Blitz Plätzchen

Dr. Oetker

Blitz Plätzchen

Dr. Oetker Verlag

Vorwort

Jetzt aber schnell!

Nicht viel Zeit, aber Lust auf leckere Plätzchen?

Kein Problem mit den Blitzplätzchen-Rezepten von Dr. Oetker. Hier müssen Sie höchstens 30 Minuten aktiv sein und schon bald duftet es herrlich nach selbst gebackenen Plätzchen.

Füllen Sie Ihre Keksdosen mit klassischen Nussecken oder Spritzgebäck, mit edlen Chardonnay-Kringeln oder Kirschkeksen mit Rosenblütenwasser. Kinder freuen sich über Ausstechkekse mit Prickelguss oder fröhlich bunte Pistazientaler. – Und wer es lieber exotisch-fruchtig mag, hat Makronen mit Cranberries oder Schoko-Ingwer-Ecken blitzschnell im Ofen.

Ob für die Weihnachtszeit oder einfach mal so zwischendurch:
Bei so vielen kleinen Köstlichkeiten ist für jeden etwas dabei.

Alle Rezepte sind von Dr. Oetker getestet und so beschrieben, dass sie sicher gelingen.

Bunte Pistazientaler Für Kinder

Zubereitungszeit: 30 Minuten, ohne Gefrier- und Abkühlzeit | Backzeit: etwa 10 Minuten je Backblech
Haltbarkeit: 3–4 Wochen in gut schließenden Dosen
Insgesamt: E: 27 g, F: 104 g, Kh: 272 g, kJ: 9012, kcal: 2153, BE: 22,5
Etwa 100 Stück

Für den Knetteig:

125 g Weizenmehl
25 g Hartweizengrieß
60 g Zucker
2 Pck. Dr. Oetker Vanillin-Zucker
1 Eigelb (Größe M)
100 g Butter oder Margarine
1 EL Apfelsaft

Zum Wälzen und Bestreichen:

25 g fein gehackte Pistazienkerne
1 TL Zucker
1 Eiweiß (Größe M)

Für Guss und Garnierung:

etwa 75 g Puderzucker
etwa 1 EL Zitronensaft
Konfettitaler (aus Esspapier)

1 Für den Teig Mehl mit Grieß in einer Rührschüssel mischen. Zucker, Vanillin-Zucker, Eigelb, Butter oder Margarine und Apfelsaft hinzufügen. Die Zutaten mit Handrührgerät mit Knethaken zunächst kurz auf niedrigster, dann auf höchster Stufe gut durcharbeiten.

2 Anschließend den Teig auf der leicht bemehlten Arbeitsfläche kurz verkneten. Den Teig halbieren und aus jeder Teighälfte eine etwa 25 cm lange Rolle formen. Die Rollen in Frischhaltefolie wickeln, mindestens 30 Minuten in den Gefrierschrank legen und anfrieren lassen.

3 Den Backofen vorheizen.
Ober-/Unterhitze: etwa 180 °C
Heißluft: etwa 160 °C

4 Zum Wälzen und Bestreichen Pistazienkerne mit Zucker mischen. Das Eiweiß mit einer Gabel verschlagen. Die Teigrollen zuerst mit Eiweiß bestreichen und dann in dem Pistazien-Zucker-Gemisch wälzen.

5 Die Teigrollen mit einem Sägemesser in gut ½ cm dicke Scheiben schneiden. Dabei die Teigrollen immer wieder drehen, damit die Scheiben gleichmäßig abgeschnitten werden.

6 Die Teigscheiben auf Backbleche (mit Backpapier belegt) legen. Die Backbleche nacheinander (bei Heißluft zusammen) in den vorgeheizten Backofen schieben und die Taler **etwa 10 Minuten backen.**

7 Die Gebäcktaler mit dem Backpapier von den Backblechen auf Kuchenroste ziehen und erkalten lassen.

8 Für den Guss Puderzucker mit Zitronensaft zu einer dickflüssigen Masse verrühren. Jeweils einen Klecks des Gusses mithilfe eines Teelöffels in die Mitte der Gebäcktaler geben und sofort mit Konfettitalern bestreuen. Guss fest werden lassen.

Tipp

Wenn keine Kinder mitessen, können Sie den Apfelsaft durch dieselbe Menge Weißwein ersetzen.

Makronen mit Cranberries

Klassiker, mal fruchtig

Zubereitungszeit: 20 Minuten I Backzeit: etwa 25 Minuten je Backblech
Haltbarkeit: etwa 2 Wochen in gut schließenden Dosen
Insgesamt: E: 36 g, F: 82 g, Kh: 145 g, kJ: 6074, kcal: 1449,, BE: 12,0
Etwa 40 Stück

Zum Vorbereiten:

50 g getrocknete Cranberries

Für die Eiweißmasse:

2 Eiweiß (Größe M)

100 g Zucker

1 Msp. gemahlener Zimt

2 Tropfen Bittermandel-Aroma aus dem Röhrchen

100 g abgezogene, gemahlene Mandeln

50 g gehackte Mandeln

1 Zum Vorbereiten die getrockneten Cranberries sehr fein hacken und zunächst beiseitestellen.

2 Den Backofen vorheizen.
Ober-/Unterhitze: etwa 140 °C
Heißluft: etwa 120 °C

3 Für die Eiweißmasse Eiweiß mit Handrührgerät mit Rührbesen auf höchster Stufe steif schlagen. Der Schnee muss so fest sein, dass ein Messerschnitt sichtbar bleibt. Nach und nach Zucker, Zimt und Aroma kurz unterschlagen.

4 Gemahlene und gehackte Mandeln sowie die gehackten Cranberries vorsichtig unter den Eischnee heben.

5 Die Mandel-Cranberry-Masse mit 2 Teelöffeln in Häufchen auf Backbleche (gefettet, mit Backpapier belegt) setzen. Dabei genügend Abstand zwischen den Teighäufchen lassen. Die Backbleche nacheinander (bei Heißluft zusammen) in den vorgeheizten Backofen schieben. Die Makronen **etwa 25 Minuten je Backblech backen.**

6 Die Makronen mit dem Backpapier von den Blechen auf Kuchenroste ziehen und erkalten lassen.

Tipps

Die Makronen vor dem Backen zusätzlich mit einigen gehackten Mandeln und Cranberries bestreuen.
Die Zugabe von 1 Esslöffel Speisestärke macht die Makronen etwas stabiler.
Statt der Mandeln können Sie auch 150 g leicht geröstete Kokosflocken verwenden.

Spritzgebäck Klassisch

Zubereitungszeit: 25 Minuten, ohne Abkühlzeit | Backzeit: etwa 10 Minuten je Backblech
Haltbarkeit: 3–4 Wochen in gut schließenden Dosen
Insgesamt: E: 53 g, F: 295 g, Kh: 559 g, kJ: 21360, kcal: 5114, BE: 46,5
Etwa 80 Stück

Für den Rührteig:

250 g weiche Butter oder Margarine
125 g Zucker
2 Pck. Dr. Oetker Vanillin-Zucker
1 Ei (Größe M)
3 Eigelb (Größe M)
250 g Weizenmehl
150 g Speisestärke

Für den Guss:

150 g Zartbitter-Kuvertüre
2 TL Speiseöl, z. B. Sonnenblumenöl

Zum Bestreuen:

Hagelzucker
fein gehacktes Zitronat (Sukkade)

1 Den Backofen vorheizen.
Ober-/Unterhitze: etwa 200 °C
Heißluft: etwa 180 °C

2 Für den Teig Butter oder Margarine mit Handrührgerät mit Rührbesen auf höchster Stufe geschmeidig rühren. Nach und nach Zucker und Vanillin-Zucker unterrühren. So lange rühren, bis eine gebundene Masse entstanden ist. Das Ei dazugeben und ½ Minute unterrühren, Eigelb kurz unterrühren.

3 Mehl mit Speisestärke mischen und in 2 Portionen auf mittlerer Stufe kurz unterrühren. Den Teig in einen Spritzbeutel mit Sterntülle (Ø etwa 1 cm) füllen und Kränzchen (Ø etwa 4 cm) auf Backbleche (gefettet, mit Backpapier belegt) spritzen. Die Backbleche nacheinander (bei Heißluft zusammen) in den vorgeheizten Backofen schieben. Das Gebäck **etwa 10 Minuten je Backblech backen.**

4 Die Kränzchen mit dem Backpapier von den Backblechen auf Kuchenroste ziehen. Kränzchen erkalten lassen.

5 Für den Guss Kuvertüre in kleine Stücke brechen und mit Speiseöl in einem kleinen Topf im Wasserbad bei schwacher Hitze unter Rühren schmelzen. Die Kränzchen zur Hälfte in die Kuvertüre tauchen und auf Backpapier legen. Mit Hagelzucker oder Zitronat bestreuen. Guss fest werden lassen.

TIPP

Nach Belieben Geschenkbändchen oder Schleifenband durch das Spritzgebäck ziehen und als Geschenkanhänger oder Christbaumschmuck verwenden. Das Spritzgebäck kann auch mit der aufgelösten Kuvertüre besprenkelt werden, dann sind 75 g Kuvertüre ausreichend.

Knusperbrocken

Ohne zu backen – mit Alkohol

Zubereitungszeit: 25 Minuten, ohne Durchzieh- und Kühlzeit
Haltbarkeit: etwa 8 Tage in gut schließenden Dosen, kühl gestellt
Insgesamt: E: 42 g, F: 114 g, Kh: 234 g, kJ: 9158, kcal: 2187, BE: 19,5
Etwa 40 Stück

Zum Vorbereiten:

50 g getrocknete Aprikosen
50 g getrocknete, entsteinte Pflaumen
2 EL Amaretto (Mandellikör)

Für die Knuspermasse:

50 g gehobelte Mandeln
120 g Vitalis Knuspermüsli
100 g Vollmilch- Schokolade
100 g Zartbitter-Schokolade
1 TL Speiseöl, z. B. Sonnenblumenöl

1 Zum Vorbereiten Aprikosen und Pflaumen fein hacken, mit Amaretto mischen und 30 Minuten durchziehen lassen.

2 Für die Knuspermasse Mandeln in einer Pfanne ohne Fett goldbraun rösten, auf einen Teller geben und erkalten lassen. Müsli grob hacken und mit den Mandeln mischen.

3 Beide Sorten Schokolade in kleine Stücke brechen und mit dem Öl in einem Topf im Wasserbad bei schwacher Hitze unter Rühren schmelzen lassen.

4 Die eingeweichten Früchte zur Müsli-Mischung geben. Anschließend die geschmolzene Schokolade unterrühren.

5 Mit 2 Teelöffeln kleine Häufchen auf Backbleche (mit Backpapier belegt) setzen. Die Knusperbrocken auf den Backblechen kühl stellen, bis die Schokolade fest geworden ist. Anschließend die Knusperbrocken vorsichtig vom Backpapier lösen.

Frischkäsekekse Einfach

Zubereitungszeit: 30 Minuten | Backzeit: etwa 12 Minuten je Backblech
Haltbarkeit: 2–3 Wochen in gut schließenden Dosen
Insgesamt: E: 68 g, F: 222 g, Kh: 202 g, kJ: 9012, kcal: 3057, BE: 17,0
Etwa 60 Stück

Für den Rührteig:

200 g Doppelrahm-Frischkäse
50 g weiches Butterschmalz
120 g Zucker
1 Pck. Dr. Oetker Vanillin-Zucker
3 Tropfen Bittermandel-Aroma aus dem Röhrchen
1 Eiweiß (Größe M)
50 g Weizenmehl
1 Msp. Dr. Oetker Backin
200 g abgezogene, gemahlene Mandeln
½ Pck. Dr. Oetker Finesse Geriebene Zitronenschale

Zum Bestäuben:

2–3 EL Puderzucker

1 Für den Teig Frischkäse mit Butterschmalz mit Handrührgerät mit Rührbesen auf höchster Stufe geschmeidig rühren. Nach und nach Zucker, Vanillin-Zucker und Aroma unterrühren. So lange rühren, bis eine gebundene Masse entstanden ist. Das Eiweiß ebenfalls kurz unterrühren.

2 Mehl mit Backpulver, Mandeln und Zitronenschale mischen und in 2 Portionen auf mittlerer Stufe kurz unterrühren.

3 Den Backofen vorheizen.
Ober-/Unterhitze: etwa 200 °C
Heißluft: etwa 180 °C

4 Den Teig mit 2 Teelöffeln in kleinen Häufchen mit etwas Abstand auf Backbleche (gefettet, mit Backpapier belegt) setzen. Die Backbleche nacheinander (bei Heißluft zusammen) in den vorgeheizten Backofen schieben. Die Kekse **etwa 12 Minuten je Backblech backen.**

5 Das heiße Gebäck dick mit Puderzucker bestäuben. Anschließend mit dem Backpapier von den Backblechen auf Kuchenroste ziehen und erkalten lassen.

Shortbread-Streifen Fruchtig

Zubereitungszeit: 30 Minuten, ohne Abkühlzeit | Backzeit: 20–25 Minuten
Haltbarkeit: etwa 3 Wochen in gut schließenden Dosen
Insgesamt: E: 45 g, F: 226 g, Kh: 523 g, kJ: 18259, kcal: 4365, BE: 43,5
Etwa 50 Stück

Für den Knetteig:

100 g Orangeat

50 g kandierter Ingwer

1 Bio-Limette (unbehandelt, ungewachst)

370 g Weizenmehl

30 g Speisestärke

120 g Zucker

1 Prise Salz

1 Ei (Größe M)

250 g Butter oder Margarine

Für Guss und Garnierung:

100 g Puderzucker

1–2 EL Wasser oder Zitronensaft

Zuckersterne oder -herzen

1 Für den Teig Orangeat und Ingwer fein hacken. Die Limette heiß abspülen, abtrocknen und die Schale abreiben. Die Limette auspressen. Ingwer mit Orangeat und Limettenschale mischen.

2 Den Backofen vorheizen.
Ober-/Unterhitze: etwa 180 °C
Heißluft: etwa 160 °C

3 Mehl mit Speisestärke in einer Rührschüssel mischen. Orangeat-Ingwer-Mischung, Limettensaft und die restlichen Zutaten hinzufügen und mit Handrührgerät mit Knethaken zunächst kurz auf niedrigster, dann auf höchster Stufe gut durcharbeiten. Anschließend den Teig auf der leicht bemehlten Arbeitsfläche kurz verkneten.

4 Den Teig auf einem Backblech (30 x 40 cm, gefettet) ausrollen. Das Backblech in den vorgeheizten Backofen schieben. Das Gebäck **20–25 Minuten backen.**

5 Das Backblech auf einen Kuchenrost stellen. Das Gebäck etwas abkühlen lassen. Dann das Gebäck in Rechtecke (etwa 4 x 6 cm) schneiden und vollständig erkalten lassen.

6 Für den Guss Puderzucker mit so viel Wasser oder Zitronensaft verrühren, dass ein dickflüssiger Guss entsteht. Guss in einen Gefrierbeutel füllen, eine kleine Ecke abschneiden und dicke Streifen über das Gebäck spritzen. Den Guss sofort mit Zuckersternen oder -herzen bestreuen und fest werden lassen.

Gefüllte Chardonnay-Kringel Mit Alkohol

Zubereitungszeit: 25 Minuten, ohne Kühlzeit | Backzeit: etwa 20 Minuten je Backblech
Haltbarkeit: etwa 2 Wochen in gut schließenden Dosen, kühl und trocken
Insgesamt: E: 21 g, F: 166 g, Kh: 391 g, kJ: 13419, kcal: 3208, BE: 32,5
Etwa 30 Stück

Für den Rührteig:

120 g weiche Butter oder Margarine
120 g Puderzucker
1 Prise Salz
1 Eigelb (Größe M)
4 EL Chardonnay (Weißwein)
180 g Weizenmehl
30 g Speisestärke

Für die Füllung:

70 g weiche Butter
120 g Puderzucker
1 EL Chardonnay (Weißwein)

1 Den Backofen vorheizen.
Ober-/Unterhitze: etwa 160 °C
Heißluft: etwa 140 °C

2 Für den Teig Butter oder Margarine mit Handrührgerät mit Rührbesen auf höchster Stufe geschmeidig rühren. Nach und nach Puderzucker und Salz unterrühren. So lange rühren, bis eine gebundene Masse entstanden ist. Erst das Eigelb, dann den Wein unterrühren. Mehl mit Speisestärke mischen und kurz auf mittlerer Stufe unterrühren.

3 Die Hälfte des Teiges in einen Spritzbeutel mit Sterntülle (Ø etwa 8 mm) füllen. Auf Backbleche (gefettet, mit Backpapier belegt) mit Abstand Kreise (Ø etwa 4 cm) aufspritzen. Den restlichen Teig ebenso verarbeiten und insgesamt etwa 60 Kreise aufspritzen. Die Backbleche nacheinander (bei Heißluft zusammen) in den vorgeheizten Backofen schieben. Die Plätzchen **etwa 20 Minuten je Backblech backen.**

4 Die Teigkringel mit dem Backpapier auf Kuchenroste ziehen und erkalten lassen.

5 Für die Füllung Butter schaumig rühren, Puderzucker dazugeben und weiter schaumig rühren. Den Wein kurz unterrühren. Die Creme in einen Gefrierbeutel füllen und eine kleine Ecke abschneiden.

6 Die Hälfte der Chardonnay-Kringel mit der Unterseite nach oben auf ein Backblech legen. Die Creme auf die Kringel spritzen und mit den restlichen Kringeln bedecken. Dabei die Kringel mit der Unterseite nach unten auf die Creme legen und leicht andrücken.

Tipp

Sie können den Chardonnay auch durch einen Rotwein ersetzen. Für ein intensives Rot sollten Sie die Füllung dann zusätzlich mit roter Speisefarbe einfärben.

Cashew-Schoko-Cookies Etwas Besonderes

Zubereitungszeit: 30 Minuten I Backzeit: etwa 15 Minuten je Backblech
Haltbarkeit: etwa 3 Wochen in gut schließenden Dosen
Insgesamt: E: 57 g, F: 287 g, Kh: 376 g, kJ: 18127, kcal: 4331, BE: 31,5
Etwa 60 Stück

Zum Vorbereiten:

100 g geröstete, gesalzene Cashewkerne

200 g Zartbitter-Schokolade

1–2 TL rosa Pfefferbeeren

Für den Rührteig:

200 g weiche Butter oder Margarine

120 g Zucker

1 Ei (Größe M)

200 g Weizenmehl

1 gestr. TL Dr. Oetker Backin

1 Zum Vorbereiten Cashewkerne hacken und 1–2 Esslöffel davon zum Bestreuen beiseitestellen. 120 g von der Schokolade und die Pfefferbeeren ebenfalls hacken.

2 Restliche Schokolade in Stücke brechen und in einem kleinen Topf im Wasserbad bei schwacher Hitze unter Rühren schmelzen. Schokolade abkühlen lassen.

3 Den Backofen vorheizen.
Ober-/Unterhitze: etwa 180 °C
Heißluft: etwa 160 °C

4 Für den Teig Butter oder Margarine mit Handrührgerät mit Rührbesen auf höchster Stufe geschmeidig rühren. Nach und nach Zucker unterrühren. So lange rühren, bis eine gebundene Masse entstanden ist. Das Ei etwa ½ Minute unterrühren. Die geschmolzene Schokolade ebenfalls kurz unterrühren.

5 Mehl mit Backpulver mischen und in 2 Portionen auf mittlerer Stufe kurz unterrühren. Zuletzt die gehackten Zutaten dazugeben und kurz unterrühren.

6 Den Teig mit 2 Teelöffeln in walnussgroßen Häufchen mit etwas Abstand auf Backbleche (gefettet, mit Backpapier belegt) setzen und die Häufchen mit den beiseitegestellten Cashewkernen bestreuen.

7 Die Backbleche nacheinander (bei Heißluft zusammen) in den vorgeheizten Backofen schieben. Die Cookies **etwa 15 Minuten backen.**

8 Die Backbleche auf Kuchenroste stellen. Die Cookies darauf erkalten lassen und anschließend vom Backpapier nehmen.

Eisterne Titelrezept – dekorativ

Zubereitungszeit: 30 Minuten, ohne Kühlzeit I 10–12 Minuten je Backblech
Haltbarkeit: etwa 3 Wochen in gut schließenden Dosen
Insgesamt: E: 31 g, F: 120 g, Kh: 274 g, kJ: 9682, kcal: 2315, BE: 23,0
Etwa 100 Stück

Für den Teig:

100 g Marzipan-Rohmasse

½ Pck. Dr. Oetker Finesse Geriebene Zitronenschale

3 EL Zitronensaft

175 g Weizenmehl

75 g gesiebter Puderzucker

1 Pck. Dr. Oetker Vanillin-Zucker

1 Prise Salz

100 g Butter oder Margarine

Zum Bestäuben:

Puderzucker

1 Für den Teig Marzipan-Rohmasse auf der Haushaltsreibe raspeln. Marzipanraspel mit Zitronenschale und -saft in einer Rührschüssel mit Handrührgerät mit Rührbesen gut verrühren.

2 Mehl mit Puderzucker, Vanillin-Zucker und Salz mischen und mit Butter oder Margarine zur Marzipanmasse geben. Die Zutaten mit Handrührgerät mit Knethaken zu einem glatten Teig verarbeiten. Den Teig in Frischhaltefolie gewickelt etwa 30 Minuten in den Kühlschrank legen.

3 Den Backofen vorheizen.
Ober-/Unterhitze: etwa 180 °C
Heißluft: etwa 160 °C

4 Den Teig auf der leicht bemehlten Arbeitsfläche etwa ½ cm dick ausrollen. Mit Schneeflockenformen (Ø etwa 5 cm) Eissterne ausstechen.

5 Die Teigplätzchen auf Backbleche (mit Backpapier belegt) legen. Die Teigreste wieder zusammenkneten und weitere Kekse ausstechen – so oft, bis der Teig aufgebraucht ist.

6 Die Backbleche nacheinander (bei Heißluft zusammen) in den vorgeheizten Backofen schieben. Die Eissterne **10–12 Minuten backen.**

7 Die Kekse mit dem Backpapier von den Backblechen auf Kuchenroste ziehen, abkühlen lassen und mit Puderzucker bestäuben.

TIPP

Für **Weihnachtssterne** (Titelfoto) aus dem Teig Sterne ausstechen und wie im Rezept angegeben backen. Für eine goldgelbe Farbe die Sterne vor dem Backen mit etwas verschlagenem Eigelb bestreichen. Nach Belieben die erkalteten Sterne mit geschmolzener Kuvertüre bestreichen und mit bunten Zuckerkugeln bestreuen. Für **Kokoskringel** (Titelfoto) Kringel ausstechen und wie im Rezept angegeben backen. Die erkalteten Kringel mit Lemoncurd bestreichen und mit Kokosraspeln bestreuen.

Gestreifte Mohnkekse Für Gäste

Zubereitungszeit: 30 Minuten, ohne Kühlzeit | Backzeit: etwa 15 Minuten je Backblech
Haltbarkeit: etwa 3 Wochen in gut schließenden Dosen
Insgesamt: E: 23 g, F: 99 g, Kh: 180 g, kJ: 7161, kcal: 1711, BE: 15,0
Etwa 55 Stück

Für den Knetteig

100 g Weizenmehl

1 Pck. Dr. Oetker Pudding-Pulver Vanille-Geschmack

1 Prise Salz

70 g Zucker

1 Eigelb (Größe M)

100 g Butter oder Margarine

Zum Bestreichen und Bestreuen:

1 Eiweiß (Größe M)

1 Prise Salz

20 g Mohnsamen

1 Für den Teig Mehl mit Pudding-Pulver und Salz in einer Rührschüssel mischen. Restliche Zutaten hinzufügen und mit Handrührgerät mit Knethaken zunächst kurz auf niedrigster, dann auf höchster Stufe gut durcharbeiten.

2 Anschließend den Teig auf der leicht bemehlten Arbeitsfläche kurz verkneten. Den Teig halbieren. Eine Hälfte in Frischhaltefolie gewickelt in den Kühlschrank legen, die andere Hälfte zu einem Quadrat (16 x 16 cm) ausrollen und in 4 Streifen (je 4 cm Breite) schneiden.

3 Zum Bestreichen und Bestreuen Eiweiß mit Salz verquirlen. Alle Teigstreifen damit bestreichen. Auf die Eiweißseite eines Teigstreifens 1 Teelöffel Mohn streuen. Den zweiten Teigstreifen mit der Eiweiß-Seite nach unten darauflegen und leicht andrücken. Wieder mit Eiweiß bestreichen und mit 1 Teelöffel Mohn bestreuen.

4 Mit den anderen beiden Teigstreifen ebenso verfahren, den letzten Teigstreifen jedoch nicht mit Eiweiß bestreichen und nicht mit Mohn bestreuen. Die entstandene Teigstange etwas nachformen und gut 1 Stunde in Frischhaltefolie gewickelt in den Kühlschrank legen.

5 Restlichen Teig, verquirltes Eiweiß und Mohn ebenso verarbeiten wie unter den Punkten 2–4 beschrieben und in den Kühlschrank legen.

6 Den Backofen vorheizen.
Ober-/Unterhitze: etwa 180 °C
Heißluft: etwa 160 °C

7 Die gestreiften Teigstangen mit einem Sägemesser in etwa ½ cm breite Scheiben schneiden. Die Scheiben nebeneinander auf Backbleche (mit Backpapier belegt) legen. Die Backbleche nacheinander (bei Heißluft zusammen) in den vorgeheizten Backofen schieben. Die Kekse **etwa 15 Minuten ja Backblech backen.** Die Backbleche auf Kuchenroste stellen. Die Mohnkekse auf den Blechen erkalten lassen.

Kirschkekse mit Rosenblütenwasser

Etwas Besonderes

Zubereitungszeit: 30 Minuten, ohne Abkühlzeit | Backzeit: etwa 25 Minuten je Backblech
Haltbarkeit: etwa 3 Wochen in gut schließenden Dosen
Insgesamt: E: 28 g, F: 126 g, Kh: 402 g, kJ: 12443, kcal: 2973, BE: 33,5
Etwa 50 Stück

Zum Vorbereiten:

75 g getrocknete Kirschen (erhältlich z. B. in Drogeriemärkten oder Bio-Läden)

1 gestr. TL Dr. Oetker Finesse Geriebene Zitronenschale

1 EL zarte Haferflocken

3–4 EL Rosenblütenwasser (erhältlich in türkischen Geschäften, Bio-Läden oder Apotheken)

Für den Rührteig:

150 g weiche Butter oder Margarine

100 g gesiebter Puderzucker

1 Prise Salz

1 Pck. Dr. Oetker Vanillin-Zucker

1 Eigelb (Größe M)

200 g Weizenmehl

½ TL Dr. Oetker Backin

1 EL Milch

Zum Garnieren:

75 g Puderzucker

1–2 EL Rosenblütenwasser

bunte Zuckerperlen

1 Zum Vorbereiten Kirschen fein hacken, mit Zitronenschale und Haferflocken in eine kleine Schüssel geben und mit Rosenblütenwasser mischen.

2 Den Backofen vorheizen.
Ober-/Unterhitze: etwa 160 °C
Heißluft: etwa 140 °C

3 Für den Teig Butter oder Margarine mit Handrührgerät mit Rührbesen auf höchster Stufe geschmeidig rühren. Nach und nach Puderzucker, Salz und Vanillin-Zucker unterrühren. Das Eigelb ebenfalls kurz unterrühren.

4 Mehl mit Backpulver mischen und in 2 Portionen auf mittlerer Stufe kurz unterrühren. Zuletzt Kirsch-Haferflocken-Masse und Milch kurz unterrühren.

5 Den Teig mit 2 Teelöffeln in walnussgroßen Häufchen mit etwas Abstand auf Backbleche (gefettet, mit Backpapier belegt) setzen. Die Backbleche nacheinander (bei Heißluft zusammen) in den vorgeheizten Backofen schieben. Die Kekse **etwa 25 Minuten je Backlech backen.**

6 Die Backbleche auf Kuchenroste stellen. Die Kekse darauf erkalten lassen. Anschließend die Kekse vom Backpapier nehmen.

7 Zum Garnieren Puderzucker mit so viel Rosenblütenwasser verrühren, dass ein dickflüssiger Guss entsteht. Auf jeden Keks einen dicken Klecks von dem Guss geben und sofort mit Zuckerperlen bestreuen. Guss fest werden lassen.

Marzipan-Sesam-Streifen Einfach

Zubereitungszeit: 20 Minuten | Backzeit: 12–15 Minuten
Haltbarkeit: 2–3 Wochen in gut schließenden Dosen
Insgesamt: E: 69 g, F: 303 g, Kh: 323 g, kJ: 18023, kcal: 4307, BE: 27,0
Etwa 80 Stück

Für den Rührteig:

200 g Marzipan-Rohmasse
200 g weiche Butter
50 g Zucker
1 Prise Salz
1 Pck. Dr. Oetker Bourbon-Vanille-Zucker
1 Eigelb (Größe M)
200 g Weizenmehl
½ TL Dr. Oetker Backin

Für den Belag:

1 Eiweiß (Größe M)
100 g geschälte Sesamsamen
40 g brauner Zucker (z. B. Kandisfarin)

1 Für den Teig Marzipan auf der Haushaltsreibe raspeln oder fein schneiden.

2 Den Backofen vorheizen.
Ober-/Unterhitze: etwa 200 °C
Heißluft: etwa 180 °C

3 Butter und Marzipan mit Handrührgerät mit Rührbesen auf höchster Stufe geschmeidig rühren. Nach und nach Zucker, Salz und Vanille-Zucker unterrühren. So lange rühren, bis eine gebundene Masse entstanden ist. Das Eigelb kurz unterrühren.

4 Mehl mit Backpulver mischen und in 2 Portionen auf mittlerer Stufe kurz unterrühren. Den Teig auf einem Backblech (30 x 40 cm, gefettet) verteilen und gleichmäßig mit einer Teigkarte verstreichen.

5 Für den Belag Eiweiß mit einer Gabel verschlagen und auf den Teig streichen. Nacheinander Sesamsamen und Zucker auf den Teig streuen. Das Backblech in den vorgeheizten Backofen schieben. Die Gebäckplatte **12–15 Minuten backen.**

6 Die heiße Gebäckplatte sofort nach dem Backen in Streifen (etwa 3 x 5 cm) schneiden. Das Backblech auf einen Kuchenrost stellen. Die Marzipan-Sesam-Streifen auf dem Backblech erkalten lassen.

Mokkastangen Raffiniert

Zubereitungszeit: 30 Minuten, ohne Kühlzeit | Backzeit: 15–20 Minuten je Backblech
Haltbarkeit: 3–4 Wochen in gut schließenden Dosen
Insgesamt: E: 29 g, F: 107 g, Kh: 284 g, kJ: 9349, kcal: 2235, BE: 23,5
Etwa 40 Stück

Für den Knetteig:

10 g Kaffeebohnen
1–2 TL Instant-Espresso-Pulver
1 EL heißes Wasser
200 g Weizenmehl
½ TL Dr. Oetker Backin
100 g Zucker
1 Prise Salz
1 Pck. Dr. Oetker Vanillin-Zucker
1 Eigelb (Größe M)
2 EL Milch
100 g Butter oder Margarine

Zum Garnieren:

50 g Schoko-Mokkabohnen

1 Für den Teig Kaffeebohnen im Zerkleinerer fein hacken. Espresso-Pulver mit Wasser verrühren.

2 Den Backofen vorheizen.
Ober-/Unterhitze: etwa 180 °C
Heißluft: etwa 160 °C

3 Mehl mit Backpulver in einer Rührschüssel mischen. Gehackte Kaffeebohnen, angerührtes Espresso-Pulver und restliche Zutaten hinzufügen. Die Zutaten mit Handrührgerät mit Knethaken zunächst kurz auf niedrigster, dann auf höchster Stufe gut durcharbeiten. Anschließend den Teig auf der leicht bemehlten Arbeitsfläche kurz verkneten.

4 Den Teig in 8 gleich große Portionen teilen. Aus jeder Teigportion eine dünne Rolle (je 30 cm Länge) formen. Die Rollen in Frischhaltefolie gewickelt 1–2 Stunden in den Kühlschrank legen.

5 Die Rollen in je 6 etwa 5 cm lange Stücke schneiden und auf Backbleche (mit Backpapier belegt) legen. Die Backbleche nacheinander (bei Heißluft zusammen) in den vorgeheizten Backofen schieben und die Stangen **15–20 Minuten je Backblech backen.**

6 Die Backbleche auf Kuchenroste stellen. Die heißen Mokkastangen mit den Mokkabohnen belegen und die Mokkabohnen leicht andrücken. Die Stangen erkalten lassen.

Tipp

Bestäuben Sie die lauwarmen Mokkastangen mit Puderzucker, statt sie mit Mokkabohnen zu garnieren.

Ausstechkekse mit Prickelguss Für Kinder

Zubereitungszeit: 30 Minuten, ohne Kühlzeit | Backzeit: etwa 12 Minuten je Backblech
Haltbarkeit: etwa 2 Wochen in gut schließenden Dosen
Insgesamt: E: 17 g, F: 85 g, Kh: 288 g, kJ: 8357, kcal: 1998, BE: 24,0
Etwa 45 Stück

Für den Knetteig:

150 g Weizenmehl

1 Msp. Dr. Oetker Backin

50 g Zucker

1 Pck. Dr. Oetker Vanillin-Zucker

100 g Butter oder Margarine

Für den Guss:

100 g gesiebter Puderzucker

2 Pck. Brausepulver, z. B. Himbeergeschmack (für je 0,2 l Wasser)

1 ½–2 EL Zitronensaft

evtl. Lebensmittelfarbe

1 Den Backofen vorheizen.
Ober-/Unterhitze: etwa 180 °C
Heißluft: etwa 160 °C

2 Für den Teig Mehl mit Backpulver in einer Rührschüssel mischen. Restliche Zutaten hinzufügen und mit Handrührgerät mit Knethaken zunächst kurz auf niedrigster, dann auf höchster Stufe gut durcharbeiten. Anschließend den Teig auf der leicht bemehlten Arbeitsfläche kurz verkneten. Sollte er kleben, ihn in Frischhaltefolie gewickelt eine Zeit lang in den Kühlschrank legen.

3 Den Teig auf der leicht bemehlten Arbeitsfläche etwa ½ cm dick ausrollen. Mit Ausstechförmchen (Ø etwa 5 cm) Motive ausstechen und auf Backbleche (mit Backpapier belegt) legen. Die Teigreste wieder zusammenkneten, erneut ausrollen und weitere Motive ausstechen – so oft, bis der Teig aufgebraucht ist.

4 Die Bleche nacheinander (bei Heißluft zusammen) in den vorgeheizten Backofen schieben. Die Kekse **etwa 12 Minuten je Backblech backen.**

5 Die Kekse mit dem Backpapier von den Blechen auf Kuchenroste ziehen und erkalten lassen.

6 Für den Guss Puderzucker mit Brausepulver, Zitronensaft und evtl. Lebensmittelfarbe verrühren und „ausprickeln“ lassen. Den Guss in einen kleinen Gefrierbeutel füllen, den Beutel verschließen und eine kleine Ecke abschneiden.

7 Etwas Guss auf die Kekse spritzen und mit einem Pinsel dünn verstreichen oder den Guss als Kontur auf die Kekse spritzen. (Der Guss beginnt nach kurzer Zeit zu sprudeln oder prickeln.) Den Guss trocknen lassen.

TIPP

Statt mit Himbeergeschmack lässt sich der Guss auch mit Brausepulver Waldmeister- oder Orangengeschmack verfeinern.

Für einen besseren Prickeleffekt streuen Sie zusätzlich etwas Brausepulver auf den noch feuchten Guss.

Nussecken Klassisch

Zubereitungszeit: 30 Minuten I Backzeit: 20–25 Minuten
Haltbarkeit: etwa 3 Wochen in gut schließenden Dosen
Insgesamt: E: 49 g, F: 252 g, Kh: 354 g, kJ: 16246, kcal:3883, BE: 29,5
Etwa 60 Stück

Für den Rührteig:

100 g weiche Butter oder Margarine

80 g Zucker

1 Prise Salz

4–5 Tropfen Bittermandel-Aroma aus dem Röhrchen

1 Eigelb (Größe M)

150 g Weizenmehl

½ TL Dr. Oetker Backin

50 g gemahlene Haselnusskerne

2 EL kaltes Wasser

Für den Belag:

200 g Aprikosenkonfitüre

1 Pck. Dr. Oetker Vanillin-Zucker

2 EL Schlagsahne

200 g gehobelte Haselnusskerne

1 Den Backofen vorheizen.
Ober-/Unterhitze: etwa 200 °C
Heißluft: etwa 180 °C

2 Für den Teig Butter oder Margarine mit Handrührgerät mit Rührbesen auf höchster Stufe geschmeidig rühren. Nach und nach Zucker, Salz und Aroma unterrühren. So lange rühren, bis eine gebundene Masse entstanden ist. Das Eigelb unterrühren.

3 Mehl mit Backpulver mischen und auf mittlerer Stufe kurz unterrühren. Gemahlene Nusskerne und Wasser kurz unterrühren.

4 Den Teig auf einem Backblech (30 x 40 cm, gefettet, mit Backpapier belegt) verteilen und verstreichen bzw. mit bemehlten Händen gleichmäßig zu einem Boden andrücken. Das Backblech in den vorgeheizten Backofen schieben. Den Teig **etwa 10 Minuten vorbacken.**

5 Für den Belag währenddessen die Konfitüre in einem Topf aufkochen lassen und von der Kochstelle nehmen. Vanillin-Zucker, Sahne und gehobelte Nusskerne unterrühren.

6 Das Backblech auf einen Kuchenrost stellen. Die Nussmasse sofort auf dem vorgebackenen Teig verteilen und mit einer Teigkarte verstreichen. Das Backblech wieder in den heißen Backofen schieben. Das Gebäck **weitere 10–15 Minuten backen.**

7 Das Backblech auf einen Kuchenrost stellen. Das Gebäck erkalten lassen. Dann das Gebäck in 30 Quadrate (etwa 6 x 6 cm) schneiden. Die Quadrate diagonal halbieren.

Tipp

Besprenkeln Sie die fertigen Nussecken zusätzlich mit 50 g aufgelöster Zartbitter-Schokolade.

Schoko-Macadamia-Stangen Etwas Besonderes

Zubereitungszeit: 30 Minuten, ohne Kühlzeit | Backzeit: 12–15 Minuten je Backblech
Haltbarkeit: 3–4 Wochen in gut schließenden Dosen
Insgesamt: E: 59 g, F: 249 g, Kh: 400 g, kJ: 17099, kcal: 4088, BE: 33,5
Etwa 60 Stück

Zum Vorbereiten:

100 g Edelbitter-Schokolade (60 % Kakaoanteil)

100 g Butter

75 g getrocknete Kirschen

100 g Macadamia-Nusskerne

Für den Knetteig:

225 g Weizenmehl

75 g brauner Zucker (z. B. Kandisfarin)

1 Pck. Dr. Oetker Bourbon-Vanille-Zucker

1 Prise Salz

1 Ei (Größe M)

Für den Guss:

100 g Edelbitter-Schokolade (60 % Kakaoanteil) oder weiße Schokolade

1 TL Speiseöl, z. B. Sonnenblumenöl

Zum Bestreuen:

einige Zuckerherzen

1 Zum Vorbereiten Schokolade in Stücke brechen und mit Butter in einem kleinen Topf im Wasserbad bei schwacher Hitze unter Rühren schmelzen. Schokoladenmasse abkühlen lassen. Kirschen und Macadamia-Nusskerne hacken.

2 Für den Teig Mehl mit Zucker, Vanille-Zucker, Salz, Ei, Schokolade, gehackten Kirschen und Nusskernen in eine Rührschüssel geben. Die Zutaten mit Handrührgerät mit Knethaken zunächst kurz auf niedrigster, dann auf höchster Stufe gut durcharbeiten. Anschließend den Teig auf der leicht bemehlten Arbeitsfläche kurz verkneten.

3 Den Teig dritteln. Aus jeder Teigportion eine etwa 20 cm lange, rechteckige Stange (je etwa 5 x 2 cm) formen. Die Teigstangen in Frischhaltefolie gewickelt mindestens 30 Minuten in den Gefrierschrank legen und anfrieren lassen.

4 Den Backofen vorheizen.
Ober-/Unterhitze: etwa 180 °C
Heißluft: etwa 160 °C

5 Die Teigstangen mit einem Sägemesser in knapp 1 cm dicke Scheiben schneiden. Dabei die Teigstangen immer wieder drehen, damit die Scheiben gleichmäßig abgeschnitten werden.

6 Die Teigscheiben auf Backbleche (mit Backpapier belegt) legen. Die Backbleche nacheinander (bei Heißluft zusammen) in den vorgeheizten Backofen schieben. Die Stangen **12–15 Minuten backen.**

7 Die Keksstangen mit dem Backpapier von den Backblechen auf Kuchenroste ziehen und erkalten lassen.

8 Für den Guss Schokolade in Stücke brechen und mit Öl in einem kleinen Topf im Wasserbad bei schwacher Hitze unter Rühren schmelzen. Jeweils ein Ende der Keksstangen in die Schokolade tauchen, gut abtropfen lassen und sofort mit Zuckerherzen bestreuen. Die Keksstangen auf Backpapier legen. Schokolade fest werden lassen.

Stollenhäppchen

Titelrezept – zum Advent

Zubereitungszeit: 30 Minuten | Backzeit: etwa 12 Minuten je Backblech
Haltbarkeit: etwa 2 Wochen in gut schließenden Dosen
Insgesamt: E: 44 g, F: 132 g, Kh: 440 g, kJ: 13068, kcal: 3124, BE: 44
Etwa 44 Stück

Für den Teig:

250 g Weizenmehl
2 gestr. TL Dr. Oetker Backin
75 g Zucker
1 Pck. Dr. Oetker Vanillin-Zucker
1 Pck. Dr. Oetker Finesse Weihnachts-Aroma
1 Pck. Dr. Oetker Finesse Geriebene Zitronenschale
1 Ei (Größe M)
100 g Butter oder Margarine
125 g Magerquark
50 g fein gehacktes Zitronat (Sukkade)
100 g Rosinen
50 g Korinthen
50 g abgezogene, gemahlene Mandeln

Zum Bestäuben:

Puderzucker

1 Den Backofen vorheizen.
Ober-/Unterhitze: etwa 180 °C
Heißluft: etwa 160 °C

2 Für den Teig Mehl mit Backpulver in einer Rührschüssel mischen. Zucker, Vanillin-Zucker, Aroma, Zitronenschale, Ei, Butter oder Margarine und Quark hinzufügen und alles mit Handrührgerät mit Knethaken zunächst kurz auf niedrigster, dann auf höchster Stufe gut durcharbeiten.

3 Anschließend Zitronat, Rosinen, Korinthen und Mandeln auf der leicht bemehlten Arbeitsfläche unterkneten.

4 Den Teig halbieren. Jede Teighälfte zunächst zu 2 Rollen von etwa 22 cm Länge formen, dann in je 1 cm breite Stücke schneiden und zu Kugeln formen. Die Teigkugeln auf Backbleche (mit Backpapier belegt) setzen. Dabei genügend Abstand zwischen den Kugeln lassen.

5 Die Backbleche nacheinander (bei Heißluft zusammen) in den vorgeheizten Backofen schieben. Die Häppchen **etwa 12 Minuten je Backblech backen.**

6 Die gebackenen Stollenhäppchen mit dem Backpapier auf Kuchenroste ziehen und sofort mit Puderzucker bestäuben. Die Stollenhäppchen erkalten lassen.

Tipps

Anstelle von Weihnachts-Aroma können Sie auch ½ Teelöffel gemahlenen Zimt, Honigkuchen- oder Lebkuchengewürz nehmen.

Das beste Backergebnis bekommen Sie mit Ober-/Unterhitze.

Vanillestangen Einfach

Zubereitungszeit: 30 Minuten, ohne Kühlzeit | Backzeit: etwa 10 Minuten je Backblech
Haltbarkeit: etwa 3 Wochen in gut schließenden Dosen
Insgesamt: E: 45 g, F: 173 g, Kh: 311 g, kJ: 12489, kcal: 2983, BE: 26,0
Etwa 54 Stück

Für den Knetteig:

175 g Weizenmehl

1 Pck. Gala Bourbon-Vanille-Pudding-Pulver

80 g Zucker

2 Eigelb (Größe M)

125 g Butter oder Margarine

100 g abgezogene, gemahlene Mandeln

1 EL kaltes Wasser

Zum Bestäuben:

50 g Puderzucker

1 Pck. Dr. Oetker Vanillin-Zucker

1 Den Backofen vorheizen.
Ober-/Unterhitze: etwa 180–200 °C
Heißluft: etwa 160–180 °C

2 Für den Teig Mehl mit Pudding-Pulver in einer Rührschüssel mischen. Restliche Zutaten hinzufügen und mit Handrührgerät mit Knethaken zunächst kurz auf niedrigster, dann auf höchster Stufe gut durcharbeiten. Anschließend den Teig auf der leicht bemehlten Arbeitsfläche kurz verkneten. Sollte er kleben, ihn in Frischhaltefolie gewickelt eine Zeit lang in den Kühlschrank legen.

3 Den Teig in 6 Portionen teilen. Jede Portion Teig auf der leicht bemehlten Arbeitsfläche zu einer Rolle (etwa 45 cm Länge) formen und in 9 etwa 5 cm lange Stangen schneiden. Die Teigstangen auf Backbleche (mit Backpapier belegt) legen.

4 Die Backbleche nacheinander (bei Heißluft zusammen) in den vorgeheizten Backofen schieben. Die Stangen **etwa 10 Minuten je Backblech backen.**

5 Die Stangen mit dem Backpapier von den Backblechen auf Kuchenroste ziehen.

6 Zum Bestäuben Puderzucker mit Vanillin-Zucker mischen und die noch heißen Stangen damit bestäuben. Die Vanillestangen auf den Kuchenrosten erkalten lassen.

Walnuss-Schoko-Taler Für Gäste

Zubereitungszeit: 30 Minuten, ohne Kühlzeit | Backzeit: etwa 12 Minuten je Backblech
Haltbarkeit: 3–4 Wochen in gut schließenden Dosen
Insgesamt: E: 42 g, F: 200 g, Kh: 294 g, kJ: 13182, kcal: 3150, BE: 24,5
Etwa 80 Stück

Für den Knetteig:

100 g weiße Schokolade
100 g Walnusskerne
150 g Weizenmehl
½ TL Dr. Oetker Backin
50 g gesiebter Puderzucker
1 Prise Salz
1 Pck. Dr. Oetker Bourbon-Vanille-Zucker
1 Eigelb (Größe M)
100 g Butter oder Margarine
2 EL kaltes Wasser

Zum Garnieren:

50 g Zartbitter-Schokolade
bunte Zuckerblumen

1 Für den Teig Schokolade und Walnusskerne hacken. Mehl mit Backpulver und Puderzucker in einer Rührschüssel mischen. Restliche Zutaten, gehackte Schokolade und Walnusskerne hinzufügen, mit Handrührgerät mit Knethaken zunächst kurz auf niedrigster, dann auf höchster Stufe gut durcharbeiten.

2 Anschließend den Teig auf der leicht bemehlten Arbeitsfläche kurz verkneten. Den Teig halbieren. Jede Teighälfte zu einer etwa 20 cm langen Rolle formen. Die Rollen in Frischhaltefolie gewickelt etwa 2 Stunden in den Kühlschrank legen.

3 Den Backofen vorheizen.
Ober-/Unterhitze: etwa 180 °C
Heißluft: etwa 160 °C

4 Die Teigrollen mit einem Sägemesser in gut ½ cm dicke Scheiben schneiden. Dabei die Rollen immer wieder drehen, damit die Scheiben gleichmäßig abgeschnitten werden. Die Teigscheiben auf Backbleche (mit Backpapier belegt) legen.

5 Die Backbleche nacheinander (bei Heißluft zusammen) in den vorgeheizten Backofen schieben und die Taler **etwa 12 Minuten je Backblech backen.**

6 Das Backpapier mit den Talern von den Backblechen auf Kuchenroste ziehen und erkalten lassen.

7 Zum Garnieren Schokolade in Stücke brechen und in einem kleinen Topf im Wasserbad bei schwacher Hitze unter Rühren schmelzen. Schokolade in einen Gefrierbeutel füllen, eine kleine Ecke abschneiden und die Schokolade dünn über die Taler sprenkeln und sofort mit den Zuckerblumen bestreuen. Schokolade fest werden lassen.

Kernige Johannisbeerkekse

Kulleraugen einmal anders

Zubereitungszeit: 30 Minuten, ohne Kühlzeit | Backzeit: etwa 15 Minuten je Backblech
Haltbarkeit: etwa 3 Wochen in gut schließenden Dosen
Insgesamt: E: 45 g, F: 158 g, Kh: 390 g, kJ: 13289, kcal: 3178, BE: 32,5
Etwa 50 Stück

Für den Knetteig:

250 g Weizenmehl

½ TL Dr. Oetker Backin

100 g Zucker

1 Pck. Dr. Oetker Bourbon-Vanille-Zucker

1 Prise Salz

1 Ei (Größe M)

2 EL kaltes Wasser

150 g Butter oder Margarine

Für die Füllung:

150 g Johannisbeergelee

50 g Sonnenblumenkerne

1 Den Backofen vorheizen.
Ober-/Unterhitze: etwa 180 °C
Heißluft: etwa 160 °C

2 Für den Teig Mehl mit Backpulver in einer Rührschüssel mischen. Restliche Zutaten hinzufügen und mit Handrührgerät mit Knethaken zunächst kurz auf niedrigster, dann auf höchster Stufe gut durcharbeiten. Anschließend den Teig auf der leicht bemehlten Arbeitsfläche kurz verkneten und zu 2 etwa 25 cm langen Rollen formen. Die Teigrollen in Frischhaltefolie gewickelt 1–2 Stunden in den Kühlschrank legen.

3 Teigrollen mit einem Sägemesser in etwa ½ cm dicke Scheiben schneiden und auf Backbleche (mit Backpapier belegt) legen.

4 Für die Füllung in jede Scheibe mit einem Rührlöffelstiel eine leichte Vertiefung drücken. Johannisbeergelee mit einem Schneebesen glatt rühren und in einen Gefrierbeutel füllen. Den Beutel verschließen und eine kleine Ecke abschneiden. Das Johannisbeergelee in die Vertiefungen geben und mit Sonnenblumenkernen bestreuen.

5 Die Backbleche nacheinander (bei Heißluft zusammen) in den vorgeheizten Backofen schieben. Die Scheiben **etwa 15 Minuten je Backblech backen.**

6 Die Plätzchen mit dem Backpapier von den Backblechen auf Kuchenroste ziehen und erkalten lassen.

Tipp

Für **Kulleraugen** (Titelfoto) von den vorbereiteten Teigrollen etwa 2 cm dicke Scheiben abschneiden und zu Kugeln formen. Diese erst in verschlagenes Eiweiß (etwa 2 Eiweiß), dann in gehackte Mandeln (etwa 75 g) drücken. Kugeln auf Backbleche setzen und mit einem Rührlöffelstiel in jede Kugel eine Vertiefung drücken. Wie im Rezept angegeben backen. 6 Esslöffel Johannisbeergelee und 1 Esslöffel Wasser aufkochen. Die erkalteten Kulleraugen damit füllen.

Honigkuchenstreifen Klassisch

Zubereitungszeit: etwa 30 Minuten, ohne Kühlzeit | Backzeit: etwa 20 Minuten
Haltbarkeit: etwa 10 Tage in gut schließenden Dosen
Insgesamt: E: 120 g, F: 360 g, Kh: 760 g, kJ: 28440, kcal: 6800, BE: 60,0
Etwa 40 Stück

Für den Teig:

250 g Honig
125 g Butter oder Margarine
2 Eier (Größe M)
15 g Lebkuchengewürz
1 Pck. Dr. Oetker Finesse Geriebene Zitronenschale
375 g Weizenmehl
1 Pck. Dr. Oetker Backin
2 gestr. TL Kakaopulver
100 g Korinthen
100 g gemahlene Haselnusskerne

Zum Bestreichen und Bestreuen:

etwas Milch
100 g gehobelte Mandeln

Zum Aprikotieren:

5 EL Aprikosenkonfitüre

Für den Guss:

200 g Zartbitter-Schokolade
1 EL Speiseöl, z. B. Sonnenblumenöl

Zum Garnieren:

Walnuss- und Haselnusskerne
abgezogene Mandeln
Schokolocken

1 Den Backofen vorheizen.
Ober-/Unterhitze: etwa 180 °C
Heißluft: etwa 160 °C

2 Für den Teig Honig mit Butter oder Margarine in einem Topf unter Rühren langsam zerlassen. Anschließend in eine Rührschüssel geben und kalt stellen.

3 Unter die fast erkaltete Masse mit einem Handrührgerät mit Rührbesen auf höchster Stufe Eier, Lebkuchengewürz und Zitronenschale rühren. Mehl mit Backpulver und Kakao mischen und in 2 Portionen auf mittlerer Stufe kurz unterrühren. Korinthen und Haselnusskerne kurz unterrühren.

4 Zum Bestreichen und Bestreuen den Honigkuchenteig auf einem Backblech (30 x 40 cm, gefettet) glatt streichen, mit Milch bestreichen und mit Mandeln bestreuen. Das Backblech in den vorgeheizten Backofen schieben. Den Kuchen **etwa 20 Minuten backen.**

5 Zum Aprikotieren Aprikosenkonfitüre durch ein Sieb streichen. Den Kuchen sofort nach dem Backen damit bestreichen und auf dem Backblech auf einem Kuchenrost erkalten lassen.

6 Für den Guss Schokolade in Stücke brechen. Die Schokolade mit dem Öl in einem kleinen Topf im Wasserbad bei schwacher Hitze unter Rühren schmelzen und auf den erkalteten Kuchen streichen.

7 Zum Garnieren den Kuchen nach Belieben mit Nusskernen, Mandeln oder Schokoladenlocken bestreuen.

8 Wenn der Guss fest geworden ist, den Kuchen in Streifen (etwa 10 x 3 cm) schneiden und in einer gut schließenden Dose aufbewahren.

Gewürzstreusel Weihnachtlich

Zubereitungszeit: 25 Minuten I Backzeit: etwa 15 Minuten je Backblech
Haltbarkeit: etwa 2 Wochen in gut schließenden Dosen
Insgesamt: E: 25 g, F: 110 g, Kh: 227 g, kJ: 8408, kcal: 2011, BE: 19,0
Etwa 40 Stück

Für den Streuselteig:

200 g Weizenmehl
1 Msp. Dr. Oetker Backin
1 Msp. gemahlener Zimt
½ TL gemahlener Kardamom
½ TL gemahlener Ingwer
½ TL gemahlene Nelken
80 g brauner Zucker (z. B. Kandisfarin)
2 EL kaltes Wasser
100 g weiche Butter oder Margarine
40 g gehobelte Haselnusskerne

1 Den Backofen vorheizen.
Ober-/Unterhitze: etwa 180 °C
Heißluft: etwa 160 °C

2 Für den Teig Mehl mit Backpulver und Gewürzen mischen und in eine Rührschüssel geben. Braunen Zucker, Wasser und Butter oder Margarine hinzufügen und mit Handrührgerät mit Rührbesen zunächst kurz auf niedrigster, dann auf höchster Stufe zu Streuseln von gewünschter Größe verarbeiten. (Je länger man rührt, desto größer die Streusel). Zum Schluss die gehobelten Haselnusskerne kurz unterrühren.

3 Den Teig mit 2 Teelöffeln in walnussgroßen Häufchen auf Backbleche (gefettet, mit Backpapier belegt) setzen. Dabei genügend Abstand zwischen den Teighäufchen lassen.

4 Die Backbleche nacheinander (bei Heißluft zusammen) in den vorgeheizten Backofen schieben. Die Gewürzstreusel **etwa 15 Minuten je Backblech backen.**

5 Die Gewürzstreusel mit dem Backpapier von den Backblechen auf Kuchenroste ziehen. Das Gebäck erkalten lassen.

Schnelle Schoko-Kekse Schokoladig

Zubereitungszeit: 30 Minuten | Backzeit: 15–20 Minuten je Backblech
Haltbarkeit: etwa 3 Wochen in gut schließenden Dosen
Insgesamt: E: 44 g, F: 209 g, Kh: 277 g, kJ: 13224, kcal: 3161, BE: 23,0
Etwa 60 Stück

Zum Vorbereiten:

150 g Zartbitter-Schokolade

Für den Rührteig:

150 g weiche Butter oder Margarine
100 g Zucker
1 Prise Salz
1 Ei (Größe M)
1 Eigelb (Größe M)
150 g Weizenmehl
1 Msp. Dr. Oetker Backin
etwa 40 g geschälte Pistazienkerne

1 Zum Vorbereiten Schokolade in Stücke brechen und in einem kleinen Topf im Wasserbad bei schwacher Hitze unter Rühren schmelzen. Anschließend den Topf mit der Schokolade aus dem Wasserbad nehmen. Die Schokolade etwas abkühlen lassen.

2 Den Backofen vorheizen.
Ober-/Unterhitze: etwa 180 °C
Heißluft: etwa 160 °C

3 Für den Teig Butter oder Margarine mit Handrührgerät mit Rührbesen auf höchster Stufe geschmeidig rühren. Nach und nach Zucker und Salz unterrühren. So lange rühren, bis eine gebundene Masse entstanden ist. Das Ei dazugeben und ½ Minute unterrühren, Eigelb kurz unterrühren. Abgekühlte, geschmolzene Schokolade ebenfalls kurz unterrühren.

4 Mehl mit Backpulver mischen und auf mittlerer Stufe kurz unterrühren. Den Teig mit 2 Teelöffeln in walnussgroßen Häufchen mit etwas Abstand auf Backbleche (gefettet, mit Backpapier belegt) setzen. In jedes Teighäufchen 1–2 Pistazienkerne drücken. Die Backbleche nacheinander (bei Heißluft zusammen) in den vorgeheizten Backofen schieben. Die Kekse **15–20 Minuten je Backblech backen.**

5 Die Backbleche auf Kuchenroste stellen. Die Kekse auf den Blechen erkalten lassen.

Mandelplätzchen Klassisch

Zubereitungszeit: 25 Minuten | Backzeit: etwa 25 Minuten je Backblech
Haltbarkeit: 1–2 Wochen in gut schließenden Dosen
Insgesamt: E: 76 g, F: 149 g, Kh: 214 g, kJ: 10242, kcal: 2447, BE: 18,0
Etwa 80 Stück

Für die Eiweißmasse:

4 Eiweiß (Größe M)

200 g feiner Zucker

1 EL Zitronensaft

1½ TL Dr. Oetker Finesse Geriebene Zitronenschale

250 g abgezogene, gehobelte Mandeln

Zum Bestreuen:

25 g abgezogene, gehobelte Mandeln

1. Den Backofen vorheizen.
   Ober-/Unterhitze: etwa 140 °C
   Heißluft: etwa 120 °C

2. Für die Eiweißmasse Eiweiß mit Handrührgerät mit Rührbesen auf höchster Stufe steif schlagen. Der Schnee muss so fest sein, dass ein Messerschnitt sichtbar bleibt. Nach und nach Zucker, Zitronensaft und -schale kurz unterschlagen. Die Mandeln vorsichtig unterheben.

3. Die Masse mit 2 Teelöffeln in walnussgroßen Häufchen auf Backbleche (gefettet, mit Backpapier belegt) setzen. Dabei genügend Abstand zwischen den Häufchen lassen. Die Teighäufchen mit Mandeln bestreuen. Die Backbleche nacheinander (bei Heißluft zusammen) in den vorgeheizten Backofen schieben. Die Mandelplätzchen **etwa 25 Minuten je Backblech backen.**

4. Die Plätzchen mit dem Backpapier von den Backblechen auf Kuchenroste ziehen. Die Mandelplätzchen erkalten lassen.

TIPP

Die Mandelplätzchen behalten ihre äußere Knusprigkeit nur in gut schließenden Dosen.

Kokos-Pistazien-Makronen Etwas Besonderes

Zubereitungszeit: 25 Minuten I Backzeit: 12–15 Minuten je Backblech
Haltbarkeit: etwa 2 Wochen in gut schließenden Dosen
Insgesamt: E: 22 g, F: 97 g, Kh: 172 g, kJ: 68285, kcal: 1631, BE: 14,5
Etwa 35 Stück

Zum Vorbereiten:
50 g Pistazienkerne
100 g Kokosraspel

Für die Eiweißmasse:
1 Eiweiß (Größe M)
150 g gesiebter Puderzucker
1 Pck. Dr. Oetker Vanillin-Zucker
etwa 15 g Pistazienkerne (35 Stück)

1 Zum Vorbereiten Pistazienkerne sehr fein hacken. Pistazienkerne und Kokosraspel mischen.

2 Den Backofen vorheizen.
Ober-/Unterhitze: etwa 180 °C
Heißluft: etwa 160 °C

3 Für die Eiweißmasse Eiweiß mit Handrührgerät mit Rührbesen auf höchster Stufe steif schlagen. Der Schnee muss so fest sein, dass ein Messerschnitt sichtbar bleibt. Nach und nach Puderzucker und Vanillin-Zucker kurz unterschlagen. Die Pistazien-Kokosraspel-Mischung vorsichtig unterheben.

4 Die Masse mit 2 Teelöffeln in Häufchen auf Backbleche (gefettet, mit Backpapier belegt) setzen. Dabei genügend Abstand zwischen den Häufchen lassen. Auf jedes Häufchen eine Pistazie legen. Die Backbleche nacheinander (bei Heißluft zusammen) in den vorgeheizten Backofen schieben. Die Kokos-Pistazien-Makronen **12–15 Minuten je Backblech backen.**

5 Die Makronen mit dem Backpapier von den Backblechen auf Kuchenroste ziehen. Die Makronen erkalten lassen.

Tipp

Die Pistazienkerne können Sie durch gemahlenen Mohn oder fein gehackte Cashewkerne ersetzen.

Glühwein-Dreispitze Mit Alkohol

Zubereitungszeit: 30 Minuten, ohne Abkühlzeit | Backzeit: etwa 25 Minuten
Haltbarkeit: etwa 3 Tage
Insgesamt: E: 84 g, F: 333 g, Kh: 712 g, kJ: 26169, kcal: 6256, BE: 59,6
Etwa 60 Stück

Für den Rührteig:

250 g weiche Butter oder Margarine
250 g Zucker
1 Pck. Dr. Oetker Vanillin-Zucker
4 Eier (Größe M)
250 g Weizenmehl
1 Pck. Dr. Oetker Backin
125 ml (1/8 l) kalter Glühwein
100 g gehackte Zartbitter-Schokolade

Zum Bestreuen:

120 g gehackte Mandeln

Für die Glasur:

200 g Puderzucker
3–4 EL kalter Glühwein

1 Den Backofen vorheizen.
Ober-/Unterhitze: etwa 200 °C
Heißluft: etwa 180 °C

2 Für den Teig Butter oder Margarine mit Handrührgerät mit Rührbesen auf höchster Stufe geschmeidig rühren. Nach und nach Zucker und Vanillin-Zucker dazugeben. So lange rühren, bis eine gebundene Masse entstanden ist.

3 Die Eier nach und nach unterrühren (jedes Ei etwa ½ Minute). Mehl und Backpulver mischen und abwechselnd mit dem Glühwein auf mittlerer Stufe kurz unterrühren. Anschließend die Schokolade ebenfalls kurz unterrühren.

4 Den Teig auf einem Backblech (30 x 40 cm, gefettet, mit Backpapier belegt) glatt streichen. Vor den Teig einen mehrfach geknickten Streifen Alufolie legen. Das Backblech in den vorgeheizten Backofen schieben. Die Gebäckplatte **etwa 25 Minuten backen.**

5 Die Gebäckplatte vom Rand lösen und den Alufolienstreifen entfernen. Die Gebäckplatte mit dem Backpapier vom Backblech auf einen Kuchenrost ziehen. Etwas abkühlen lassen.

6 Zum Bestreuen Mandeln in einer Pfanne ohne Fett leicht bräunen lassen, herausnehmen und auf einem Teller erkalten lassen.

7 Für die Glasur Puderzucker mit Glühwein zu einer dickflüssigen Masse verrühren. Die noch warme Gebäckplatte damit bestreichen und mit den Mandeln bestreuen. Guss fest werden lassen.

8 Das Gebäck mit einem scharfen Messer zunächst in Quadrate und anschließend in Dreiecke schneiden.

TIPPS

Unter den Teig zusätzlich 20 g Kakao und 75 g Korinthen rühren. Die erkalteten Glühwein-Dreispitze noch zusätzlich mit 250 g geschlagener Sahne verzieren.

Statt auf einem Backblech kann der Teig auch in einer Kranzform oder Springform mit Rohrboden (Ø 22 cm) gebacken werden. Dann beträgt die Backzeit bei gleicher Backofeneinstellung etwa 50 Minuten.

Red-nosed Rudolph Für Kinder

Zubereitungszeit: 30 Minuten, ohne Kühlzeit | Backzeit: etwa 12 Minuten je Backblech
Haltbarkeit: etwa 3 Wochen in gut schließenden Dosen
Insgesamt: E: 24 g, F: 50 g, Kh: 183 g, kJ: 5367, kcal: 1283, BE: 15,5
Etwa 26 Stück

Für den Knetteig:

150 g Weizenmehl
½ TL Dr. Oetker Backin
30 g Zucker
1 Pck. Dr. Oetker Vanillin-Zucker
½ TL gemahlener Kardamom
1 Msp. gemahlener Zimt
1 Ei (Größe M)
50 g Butter oder Margarine

Zum Verzieren:

20 g gesiebter Puderzucker
1 TL Zitronensaft
rote Speisefarbe
etwa 26 Silberperlen

1 Den Backofen vorheizen.
Ober-/Unterhitze: etwa 200 °C
Heißluft: etwa 180 °C

2 Für den Teig Mehl mit Backpulver in einer Rührschüssel mischen. Restliche Zutaten hinzufügen und mit Handrührgerät mit Knethaken zunächst kurz auf niedrigster, dann auf höchster Stufe gut durcharbeiten. Anschließend den Teig auf der leicht bemehlten Arbeitsfläche kurz verkneten. Sollte er kleben, ihn in Frischhaltefolie gewickelt eine Zeit lang in den Kühlschrank legen.

3 Den Teig auf der leicht bemehlten Arbeitsfläche etwa ½ cm dick ausrollen.

4 Mit einem Rentier-Ausstecher (8–10 cm) Figuren ausstechen und auf Backbleche (mit Backpapier belegt) legen. Die Teigreste wieder zusammenkneten, erneut ausrollen und weitere Figuren ausstechen. Die Backbleche nacheinander (bei Heißluft zusammen) in den vorgeheizten Backofen schieben. Die Red-nosed-Rudolph-Kekse **etwa 12 Minuten je Backblech backen.**

5 Die Rentiere mit dem Backpapier von den Backblechen auf Kuchenroste ziehen und erkalten lassen.

6 Zum Verzieren Puderzucker mit Zitronensaft und Speisefarbe verrühren. Den dickflüssigen Guss in einen Gefrierbeutel füllen und eine kleine Ecke abschneiden. Den Rentier-Keksen rote Nasen und Augen aufspritzen. In die Augen vorsichtig je 1 Silberperle drücken. Den Guss trocknen lassen.

TIPP

Die Rentiere nach Belieben mit etwas Puderzucker bestäuben.

Karamellini Knusprig

Zubereitungszeit: 30 Minuten, ohne Kühlzeit | Backzeit: 8–10 Minuten je Backblech
Haltbarkeit: 2 Wochen in gut schließenden Dosen
Insgesamt: E: 51 g, F: 123 g, Kh: 383 g, kJ: 11806, kcal: 2822, BE: 32,0
Etwa 100 Stück

Für den Rührteig:

125 g weiche Butter oder Margarine

150 g Rohrzucker

1 Pck. Dr. Oetker Vanillin-Zucker

1 Prise Salz

1 Ei (Größe M)

2 EL Apfeldicksaft
(erhältlich in Bio-Läden)

250 g Dinkel-Vollkornmehl

1 gestr. TL Dr. Oetker Backin

Zum Bestreichen:

1 Ei (Größe M)

Zum Wälzen:

2 EL Rohrzucker

1 Für den Teig Butter oder Margarine mit Handrührgerät mit Rührbesen auf höchster Stufe geschmeidig rühren. Nach und nach Zucker, Vanillin-Zucker und Salz unterrühren. So lange rühren, bis eine gebundene Masse entstanden ist. Das Ei etwa ½ Minute unterrühren und den Saft hinzufügen.

2 Mehl mit Backpulver mischen und zwei Drittel davon auf mittlerer Stufe kurz unterrühren. Restliches Mehlgemisch auf einer bemehlten Arbeitsfläche unterkneten. Den Teig halbieren und aus jeder Teighälfte eine Rolle (Ø je etwa 3 cm) formen.

3 Zum Bestreichen das Ei verschlagen. Die Teigrollen mit Ei bestreichen und anschließend in Rohrzucker wälzen. Die Teigrollen auf ein Schneidebrett geben, mit Frischhaltefolie zudecken und mindestens 3 Stunden in den Kühlschrank legen.

4 Den Backofen vorheizen.
Ober-/Unterhitze: etwa 180 °C
Heißluft: etwa 160 °C

5 Die Teigrollen mit einem Sägemesser in etwa ½ cm dicke Scheiben schneiden und auf Backbleche (mit Backpapier belegt) legen. Die Backbleche in den vorgeheizten Backofen schieben. Die Karamellini **8–10 Minuten je Backblech backen.**

6 Die Karamellini mit dem Backpapier von den Backblechen auf Kuchenroste ziehen. Die Kekse erkalten lassen.

Fruchthäufchen Exotisch

Zubereitungszeit: 25 Minuten I Backzeit: etwa 30 Minuten je Backblech
Haltbarkeit: etwa 2 Wochen in gut schließenden Dosen
Insgesamt: E: 34 g, F: 58 g, Kh: 211 g, kJ: 6324, kcal: 1509, BE: 17,5
Etwa 35 Stück

Zum Vorbereiten:

50 g getrocknete Feigen

100 g getrocknete Kirschen

30 g getrockneter, gezuckerter Ingwer

Für die Eiweißmasse:

2 Eiweiß (Größe M)

100 g brauner Zucker (z. B. Kandisfarin)

100 g abgezogene, gemahlene Mandeln

1 Zum Vorbereiten von den Feigen die Stiele abschneiden. Feigen, Kirschen und Ingwer sehr fein hacken.

2 Den Backofen vorheizen.
Ober-/Unterhitze: etwa 140 °C
Heißluft: etwa 120 °C

3 Für die Eiweißmasse Eiweiß mit Handrührgerät mit Rührbesen auf höchster Stufe steif schlagen. Der Eischnee muss so fest sein, dass ein Messerschnitt sichtbar bleibt. Nach und nach Zucker kurz unterschlagen.

4 Die vorbereitete Früchte-Mischung und die Mandeln vorsichtig unter den Eischnee heben.

5 Die Früchte-Eischnee-Masse mit 2 Teelöffeln in walnussgroßen Häufchen auf Backbleche (gefettet, mit Backpapier belegt) setzen. Dabei genügend Abstand zwischen den Teighäufchen lassen. Die Backbleche nacheinander (bei Heißluft zusammen) in den vorgeheizten Backofen schieben. Die Fruchthäufchen **etwa 30 Minuten je Backblech backen.**

6 Die Fruchthäufchen mit dem Backpapier von den Blechen auf Kuchenroste ziehen und erkalten lassen.

TIPPS

Geben Sie 1 Esslöffel Speisestärke mit in den Teig. Dadurch werden die Häufchen stabiler.

Die Mandeln können Sie durch die gleiche Menge Kokosraspel ersetzen. Rösten Sie dafür die Kokosraspel in einer Pfanne ohne Fett leicht an, damit der Geschmack intensiver wird.

Schoko-Ingwer-Ecken Raffiniert

Zubereitungszeit: 30 Minuten, ohne Kühlzeit | Backzeit: 10–15 Minuten je Backblech
Haltbarkeit: 3–4 Wochen in gut schließenden Dosen
Insgesamt: E: 37 g, F: 159 g, Kh: 410 g, kJ: 13523, kcal: 3233, BE: 34,0
Etwa 100 Stück

Für den Knetteig:

70 g kandierter Ingwer
200 g Weizenmehl
50 g Speisestärke
20 g Kakaopulver
120 g Zucker
1 Pck. Dr. Oetker Vanillin-Zucker
1 Prise Salz
1 Ei (Größe M)
150 g weiche Butter oder Margarine
2 EL kaltes Wasser

Zum Verzieren:

70 g weiße Schokoladenglasur

1 Für den Teig Ingwer sehr fein hacken. Mehl mit Speisestärke und Kakao in einer Rührschüssel mischen. Restliche Zutaten und den Ingwer hinzufügen und mit Handrührgerät mit Knethaken zunächst kurz auf niedrigster, dann auf höchster Stufe gut durcharbeiten.

2 Anschließend den Teig auf der leicht bemehlten Arbeitsfläche kurz verkneten. Den Teig halbieren und aus jeder Teighälfte eine dreieckige Stange (4,5 x 4,5 x 4,5 cm, Länge etwa 25 cm) formen. Die Teigstangen in Frischhaltefolie gewickelt im Gefrierschrank etwa 30 Minuten anfrieren lassen.

3 Den Backofen vorheizen.
Ober-/Unterhitze: etwa 180 °C
Heißluft: etwa 160 °C

4 Die Teigstangen mit einem Sägemesser in etwa 4 mm dicke Scheiben schneiden. Dabei die Stangen immer wieder drehen, damit die Scheiben gleichmäßig abgeschnitten werden. Die Teigscheiben auf Backbleche (mit Backpapier belegt) legen.

5 Die Backbleche nacheinander (bei Heißluft zusammen) in den vorgeheizten Backofen schieben und die Ecken **10–15 Minuten je Backblech backen.**

6 Die Backbleche auf Kuchenroste stellen und die Ecken etwa 5 Minuten auf den Blechen abkühlen lassen. Anschließend das Gebäck mit dem Backpapier von den Backblechen auf Kuchenroste ziehen. Gebäck erkalten lassen.

7 Zum Verzieren die Schokoladenglasur nach Packungsanleitung schmelzen und in eine kleine Schale gießen. Jeweils eine Gebäckecke in die Glasur tauchen und abtropfen lassen. Die Ecken auf Backpapier legen und trocknen lassen.

Kandis-Kekse Einfach

Zubereitungszeit: 30 Minuten, ohne Kühlzeit | Backzeit: 15–20 Minuten je Backblech
Haltbarkeit: etwa 3–4 Wochen in gut schließenden Dosen
Insgesamt: E: 36 g, F: 143 g, Kh: 323 g, kJ: 11448, kcal: 2739, BE: 27,0
Etwa 90 Stück

Für den Knetteig:

300 g Weizenmehl
½ TL Dr. Oetker Backin
70 g brauner Krümelkandis
1 Prise Salz
150 g stichfeste saure Sahne
150 g Butter

Zum Bestreuen:

30 g brauner Krümelkandis

1 Für den Teig Mehl mit Backpulver in einer Rührschüssel mischen. Restliche Zutaten hinzufügen und mit Handrührgerät mit Knethaken zunächst kurz auf niedrigster, dann auf höchster Stufe gut durcharbeiten.

2 Anschließend den Teig auf der leicht bemehlten Arbeitsfläche kurz verkneten. Den Teig halbieren und aus jeder Teighälfte eine Rolle (Länge je etwa 20 cm) formen. Die Teigrollen in Frischhaltefolie gewickelt im Gefrierschrank etwa 30 Minuten anfrieren lassen.

3 Den Backofen vorheizen.
Ober-/Unterhitze: etwa 180 °C
Heißluft: etwa 160 °C

4 Die Teigrollen mit einem Sägemesser in etwa 4 mm dicke Scheiben schneiden. Dabei die Stangen immer wieder drehen, damit die Scheiben gleichmäßig abgeschnitten werden. Die Teigscheiben auf Backbleche (mit Backpapier belegt) legen und mit dem Kandis bestreuen.

5 Die Backbleche nacheinander (bei Heißluft zusammen) in den vorgeheizten Backofen schieben. Die Kekse **15–20 Minuten je Backblech backen.**

6 Die Backbleche auf Kuchenroste stellen. Die Kekse etwa 5 Minuten auf den Blechen abkühlen lassen. Anschließend die Kekse mit dem Backpapier von den Backblechen auf Kuchenroste ziehen. Kandis-Kekse erkalten lassen.

Mandel-Curry-Kekse Exotisch

Zubereitungszeit: 25 Minuten, ohne Kühlzeit I Backzeit: etwa 15 Minuten je Backblech
Haltbarkeit: 3–4 Wochen in gut schließenden Dosen
Insgesamt: E: 44 g, F: 145 g, Kh: 268 g, kJ: 10729, kcal: 2564, BE: 22,5
Etwa 80 Stück

Für den Knetteig:

30 g kandierter Ingwer

1–2 gestr. TL Currypulver

100 g abgezogene, gemahlene Mandeln

170 g Weizenmehl

½ TL Dr. Oetker Backin

120 g brauner Zucker (z. B. Kandisfarin)

1 Prise Salz

1 Ei (Größe M)

100 g Butter oder Margarine

1. Für den Teig den Ingwer fein hacken und mit Curry und Mandeln mischen. Mehl mit Backpulver in einer Rührschüssel mischen. Mandel-Curry-Mischung und die restlichen Zutaten hinzufügen und mit Handrührgerät mit Knethaken zunächst kurz auf niedrigster, dann auf höchster Stufe gut durcharbeiten.

2. Anschließend den Teig auf der leicht bemehlten Arbeitsfläche kurz verkneten. Den Teig halbieren und aus jeder Teighälfte 2 quadratische Stangen (je 23 cm Länge) formen. Die Stangen in Frischhaltefolie gewickelt etwa 2 Stunden in den Kühlschrank legen.

3. Den Backofen vorheizen.
Ober-/Unterhitze: etwa 180 °C
Heißluft: etwa 160 °C

4. Die Teigstangen mit einem Sägemesser in gut ½ cm dicke Scheiben schneiden. Dabei die Stangen immer wieder drehen, damit die Scheiben gleichmäßig abgeschnitten werden.

5. Die Teigscheiben auf Backbleche (mit Backpapier belegt) legen. Die Backbleche nacheinander (bei Heißluft zusammen) in den vorgeheizten Backofen schieben und die Kekse **etwa 15 Minuten je Backblech backen.**

6. Die Kekse mit dem Backpapier von den Backblechen auf Kuchenroste ziehen und erkalten lassen.

Zimtberge Preiswert

Zubereitungszeit: 30 Minuten, ohne Abkühlzeit | Backzeit: etwa 30 Minuten je Backblech
Haltbarkeit: etwa 2 Wochen in gut schließenden Dosen
Insgesamt: E: 49 g, F: 161 g, Kh: 261 g, kJ: 11185, kcal: 2673, BE: 22,0
Etwa 50 Stück

Für die Eiweißmasse:

3 Eiweiß (Größe M)

1 TL Zitronensaft

230 g gesiebter Puderzucker

2 TL gemahlener Zimt

1 Pck. Dr. Oetker Finesse Geriebene Zitronenschale

70 g abgezogene, gemahlene Mandeln

200 g gemahlene Haselnusskerne

1 Für die Eiweißmasse Eiweiß und Zitronensaft mit Handrührgerät mit Rührbesen auf höchster Stufe steif schlagen. Der Schnee muss so fest sein, dass ein Messerschnitt sichtbar bleibt. Nach und nach Puderzucker kurz unterschlagen. 2 gehäufte Esslöffel der Eischneemasse abnehmen, in einen kleinen Gefrierbeutel geben und verschließen.

2 Den Backofen vorheizen.
Ober-/Unterhitze: etwa 140 °C
Heißluft: etwa 120 °C

3 Zimt, Zitronenschale, Mandeln und Haselnusskerne mischen und in 2 Portionen kurz auf mittlerer Stufe unter die restliche Eischneemasse rühren.

4 Die Masse mit 2 Teelöffeln in walnussgroßen Häufchen auf 2 Backbleche (gefettet, mit Backpapier belegt) setzen. Dabei genügend Abstand zwischen den Häufchen lassen.

5 Von dem Gefrierbeutel mit der Eischneemasse eine kleine Ecke abschneiden und auf jeden Zimtberg eine Spitze spritzen. Die Backbleche nacheinander (bei Heißluft zusammen) in den vorgeheizten Backofen schieben. Die Zimtberge **etwa 30 Minuten je Backblech backen.**

6 Die Zimtberge mit dem Backpapier von den Backblechen auf Kuchenroste ziehen und erkalten lassen.

Tipps

Die Zimtberge vor dem Backen mit je einem ganzen Haselnusskern garnieren.

Engadiner Mandelscheiben Raffiniert

Zubereitungszeit: 30 Minuten, ohne Kühlzeit | Backzeit: etwa 15 Minuten je Backblech
Haltbarkeit: etwa 3 Wochen in gut schließenden Dosen
Insgesamt: E: 49 g, F: 267 g, Kh: 354 g, kJ: 16799, kcal: 4015, BE: 29,5
Etwa 110 Stück

Für den Knetteig:

250 g Weizenmehl

1 Pck. Dr. Oetker Pudding-Pulver Schokolade

1 TL Kakaopulver

125 g gesiebter Puderzucker

1 Pck. Dr. Oetker Vanillin-Zucker

1 Prise Salz

250 g Butter oder Margarine

100 g Mandelstifte

1 Den Backofen vorheizen.
Ober-/Unterhitze: etwa 180-200 °C
Heißluft: etwa 160-180 °C

2 Für den Teig Mehl mit Pudding-Pulver und Kakao in einer Rührschüssel mischen. Puderzucker, Vanillin-Zucker, Salz und Butter oder Margarine hinzufügen und mit Handrührgerät mit Knethaken zunächst kurz auf niedrigster, dann auf höchster Stufe gut durcharbeiten.

3 Anschließend den Teig auf der leicht bemehlten Arbeitsfläche kurz verkneten. Die Mandeln unterkneten. Den Teig dritteln und aus jeder Teigportion eine etwa 20 cm lange Rolle formen. Die Teigrollen in Frischhaltefolie gewickelt etwa 3 Stunden in den Kühlschrank legen, bis sie fest geworden sind.

4 Die Teigrollen mit einem Sägemesser in etwa ½ cm dicke Scheiben schneiden. Die Scheiben auf Backbleche (mit Backpapier belegt) legen und nacheinander (bei Heißluft zusammen) in den vorgeheizten Backofen schieben. Die Mandelscheiben **etwa 15 Minuten je Backblech backen.**

5 Die Mandelscheiben mit dem Backpapier von den Backblechen auf Kuchenroste ziehen. Das Gebäck erkalten lassen.

Orangen-Schoko-Kekse Schokoladig-herb

Zubereitungszeit: 25 Minuten, ohne Kühlzeit | Backzeit: etwa 20 Minuten je Backblech
Haltbarkeit: 2 Wochen in gut schließenden Dosen
Insgesamt: E: 33 g, F: 116 g, Kh: 329 g, kJ: 10424, kcal: 2492, BE: 27,5
Für etwa 66 Stück

Zum Vorbereiten:

50 g Zartbitter-Schokolade

Für den Teig:

100 g weiche Butter oder Margarine

100 g Orangenmarmelade (mit Stücken)

70 g Zucker

1 Msp. Salz

1 Pck. Dr. Oetker Bourbon-Vanille-Zucker

200 g Weizenmehl

½ TL Dr. Oetker Backin

20 g Kakaopulver

Zum Garnieren:

30 g Zartbitter-Schokolade

Nach Belieben:

30 g gehacktes Orangeat

1 Zum Vorbereiten die Schokolade in den Kühlschrank legen, anschließend gut gekühlt fein hacken.

2 Für den Teig Butter oder Margarine und Orangenmarmelade mit Handrührgerät mit Rührbesen geschmeidig rühren. Nach und nach Zucker, Salz und Vanille-Zucker unterrühren. So lange rühren, bis eine gebundene Masse entstanden ist.

3 Mehl mit Backpulver und Kakao mischen und mit Handrührgerät mit Knethaken zunächst kurz auf niedrigster, dann auf höchster Stufe gut durcharbeiten. Anschließend auf der leicht bemehlten Arbeitsfläche zu einem glatten Teig verkneten.

4 Den Teig dritteln. Auf etwas Mehl aus jeder Teigportion eine je etwa 22 cm lange Rolle (Ø 3 cm) formen. Die Rollen in Frischhaltefolie gewickelt etwa 1 Stunde in den Kühlschrank legen.

5 Den Backofen vorheizen.
Ober-/Unterhitze: etwa 180 °C
Heißluft: etwa 160 °C

6 Die Rollen mit einem Sägemesser in etwa 1 cm dicke Scheiben schneiden und auf 2 Backbleche (mit Backpapier belegt) legen. Die Backbleche nacheinander (bei Heißluft zusammen) in den vorgeheizten Backofen schieben. Die Kekse **etwa 20 Minuten je Backblech backen.**

7 Die Kekse mit dem Backpapier auf Kuchenroste ziehen und darauf erkalten lassen.

8 Zum Garnieren die Schokolade in Stücke brechen und in einem kleinen Topf im Wasserbad bei schwacher Hitze unter Rühren schmelzen lassen. Die geschmolzene Schokolade in einen Gefrierbeutel füllen. Vom Beutel eine kleine Ecke abschneiden. Auf jeden Keks einen kleinen Klecks Schokolade geben und nach Belieben mit Orangeat garnieren.

Kürbiskern-Plätzchen mit saurer Sahne Kernig

Zubereitungszeit: 25 Minuten, ohne Kühlzeit | Backzeit: etwa 15 Minuten je Backblech
Haltbarkeit: etwa 2 Wochen in gut schließenden Dosen
Insgesamt: E: 47 g, F: 169 g, Kh: 321 g, kJ: 12572, kcal: 3007, BE: 27,0
Etwa 50 Stück

Für den Knetteig:

250 g Weizenmehl

40 g Zucker

½ Pck. Dr. Oetker Bourbon-Vanille-Zucker

100 g saure Sahne

150 g Butter

70 g Kürbiskerne

80 g Hagelzucker

1 Für den Teig Mehl in eine Rührschüssel geben. Zucker, Vanille-Zucker, saure Sahne und Butter hinzufügen und mit Handrührgerät mit Knethaken zunächst kurz auf niedrigster, dann auf höchster Stufe gut durcharbeiten. Anschließend auf der bemehlten Arbeitsfläche zu einem glatten Teig verkneten. Die Kürbiskerne unterkneten.

2 Den Teig halbieren und aus jeder Teighälfte eine etwa 25 cm lange Rolle formen. 50 g des Hagelzuckers auf die Arbeitsfläche streuen und die Teigrollen darin wälzen. Anschließend in Frischhaltefolie gewickelt für etwa 2 Stunden in den Kühlschrank legen, bis sie fest geworden sind.

3 Den Backofen vorheizen.
Ober-/Unterhitze: etwa 180 °C
Heißluft: etwa 160 °C

4 Die Teigrollen mit einem Sägemesser in etwa ½ cm dicke Scheiben schneiden. Die Scheiben auf Backbleche (mit Backpapier belegt) legen und mit dem restlichem Hagelzucker bestreuen.

5 Die Backbleche nacheinander (bei Heißluft zusammen) in den vorgeheizten Backofen schieben. Die Plätzchen **etwa 15 Minuten je Backblech backen.**

6 Die Kürbiskern-Plätzchen mit dem Backpapier von den Backblechen auf Kuchenroste ziehen. Die Plätzchen erkalten lassen.

Alphabetisches Register

Allgemeine Hinweise

Abkürzungen

EL	=	Esslöffel
TL	=	Teelöffel
Msp.	=	Messerspitze
Pck.	=	Packung/Päckchen
g	=	Gramm
kg	=	Kilogramm
ml	=	Milliliter
l	=	Liter
evtl.	=	eventuell
geh.	=	gehäuft
gestr.	=	gestrichen
TK	=	Tiefkühlprodukt
°C	=	Grad Celsius
Ø	=	Durchmesser

Kalorien-/Nährwertangaben

E	=	Eiweiß
F	=	Fett
Kh	=	Kohlenhydrate
kcal	=	Kilokalorien
kJ	=	Kilojoule
BE	=	Broteinheiten

Hinweise zu den Rezepten

Lesen Sie bitte vor der Zubereitung – besser noch vor dem Einkaufen – das Rezept einmal vollständig durch. Oft werden Arbeitsabläufe oder -zusammenhänge dann klarer.

Zutatenliste und Arbeitsschritte

Die Zutaten sind in der Reihenfolge ihrer Verarbeitung aufgeführt. Die Arbeitsschritte sind einzeln hervorgehoben, in der Reihenfolge, in der wir sie ausprobiert haben.

Backofeneinstellung

Die in den Rezepten angegebenen Backtemperaturen und -zeiten sind Richtwerte, die je nach individueller Hitzeleistung des Backofens über- oder unterschritten werden können. Die Temperaturangaben in diesem Buch beziehen sich auf Elektrobacköfen. Die Temperatureinstellungsmöglichkeiten variieren je nach Hersteller, sodass wir keine allgemeingültigen Angaben machen können. Bitte beachten Sie deshalb bei der Einstellung des Backofens die Gebrauchsanweisung des Herstellers und machen Sie nach Beendigung der angegebenen Backzeit eine Garprobe.

Einschubhöhe

Kleingebäck gelingt am besten in der Mitte des Backofens. Abweichungen sind möglich und von der Ausführung Ihres Backofens abhängig. Beachten Sie daher auch die Angaben Ihres Backofenherstellers.

Zubereitungszeiten

Die Zubereitungszeit beinhaltet nur die Zeit für die eigentliche Zubereitung. Längere Wartezeiten wie z. B. Kühlzeiten sind nicht mit einbezogen. Die Backzeiten sind ebenfalls im Rezept angegeben.

Versuch macht klug!

Selbst mitmachen und die Dr. Oetker Versuchsküche live erleben – heißt es in Bielefeld. Dort finden regelmäßig Seminare und Vorführungen statt, bei denen den Profis der Versuchsküche über die Schulter geschaut und selbst Hand angelegt werden kann. Es gibt wertvolle Tipps und so manch raffinierter Trick wird verraten. Zum Abschluss kann das Selbstgemachte in gemütlicher Runde probiert werden. Erleben Sie einen schönen Tag in der Dr. Oetker Versuchsküche.
Wir freuen uns auf Sie.

Alle Infos unter www.oetker.de oder unter 00800 71 72 73 74 (gebührenfrei in Deutschland).

Stand 2010

Für Fragen, Vorschläge oder Anregungen stehen Ihnen der Verbraucherservice der Dr. Oetker Versuchsküche,
Telefon: +49 (0) 08 00 71 72 73 74 Mo.–Fr. 8:00–18:00 Uhr,
Sa. 9:00–15:00 Uhr (gebührenfrei in Deutschland),
oder die Mitarbeiter des Dr. Oetker Verlages
Telefon: +49 (0) 521 52 06 42 Mo.–Fr. 9:00–15:00 Uhr
zur Verfügung.

Oder schreiben Sie uns:
Dr. Oetker Verlag KG, Am Bach 11, 33602 Bielefeld
oder besuchen Sie uns im Internet unter www.oetker-verlag.de
oder www.oetker.de.

Umwelthinweis Dieses Buch und der Einband wurden auf chlorfrei gebleichtem Papier gedruckt. Die Einschrumpffolie – zum Schutz vor Verschmutzung – ist aus umweltfreundlichem und recyclingfähigem PE-Material.

Redaktion Christina Langner

Titelfoto Thomas Diercks, Hamburg
Innenfotos Walter Cimbal, Hamburg (S. 57, 61)
Fotostudio Diercks, Hamburg (S. 7, 15, 37–39, 47, 53, 65–67, 71–73)
Winkler Studios, Bremen (S. 9–13, 17–35, 41–45, 49–51, 55, 59, 63, 69, 75–77)

Foodstyling Claudia Seifert, Hamburg

Rezeptentwicklung und -beratung Anke Rabeler, Berlin

Nährwertberechnungen Nutri Service, Hennef

Grafisches Konzept kontur:design, Bielefeld
Gestaltung kontur:design, Bielefeld
Titelgestaltung kontur:design, Bielefeld

Satz Typografika, Bielefeld
Reproduktionen Otterbach Medien KG GmbH & Co., Rastatt
Druck und Bindung Firmengruppe APPL, aprinta Druck, Wemding

ISBN 978-3-7670-0841-0